Inhalt

Zur Einstimmung

Frage: „Was ist eine Besprechung?“ – Antwort: „Viele gehen hinein, nichts kommt heraus.“

Dieser Kalauer ist für viele Mitarbeiterinnen und Mitarbeiter trauriger Ernst. Besprechungen haben einen schlechten Ruf. Keiner kommt pünktlich, wenige sind vorbereitet, alle reden durcheinander, niemand hört richtig zu. Die Chefs und Wortgewaltigen setzen sich durch, und am Ende geht alles auseinander, ohne daß jemand weiß, was zu tun ist. Das Chaos schlechthin also.

Untersuchungen in großen Unternehmen haben ergeben, dass durch schlecht vorbereitete und geleitete Besprechungen jährlich Millionen in den „Besprechungssand“ gesetzt werden. Die vielen kleinen und großen immateriellen Einbußen, die Frustrationen der Beteiligten beispielsweise, sind dabei nicht berücksichtigt. Und auch in kleinen Firmen werden Besprechungen häufig „mal so schnell zwischen Tür und Angel erledigt“ und anschließend wundern sich alle, daß jeder etwas anderes verstanden hat und letztlich nichts davon in die Praxis umgesetzt wird.

1 Was ist eine Besprechung?

- Eine Besprechung ist eine Zusammenkunft von drei oder mehreren Personen.
- Diese Zusammenkunft ist langfristig geplant oder kurzfristig angesetzt.
- Sie findet an einem vereinbarten Ort während einer vereinbarten Zeitspanne statt.
- Alle Teilnehmer bereiten sich ihren Möglichkeiten nach auf die Besprechung vor.
- In der Besprechung wird über bestimmte Themen mit einer bestimmten Zielrichtung kommuniziert.
- Über Themen und Zielstellung(en) herrscht bei allen Beteiligten Klarheit.
- Die Besprechung endet mit einem Maßnahmenplan.

2 Warum noch Besprechungen?

Der Erfolg moderner Unternehmenskonzepte wie Lean Management oder Total Quality Management beispielsweise ist ohne effektive Gruppenarbeit, ohne regelmäßige Treffen interdisziplinärer Teams kaum zu erreichen. Und der vielbeschworene Übergang vom Einzelkämpfertum zum Teamwesen in modernen Unternehmen macht einen ständigen Informations**austausch** notwendig. Es reicht schon lange nicht mehr aus, dass nur noch der Chef oder einzelne Mitarbeiter alles wissen. Jeder ist auf das Wissen der anderen angewiesen. Und ein gemeinsam erarbeitetes, von allen getragenes Ergebnis stellt Einzelleistungen qualitativ häufig in den Schatten.

3 Wann ist die Durchführung einer Besprechung sinnvoll?

Besprechungen sind dann besonders sinnvoll, wenn

- es in der Sitzung nicht ausschließlich um Routineentscheidungen geht, sondern wenn tatsächlich noch genügend Spielräume in Bezug auf eine zu treffende Entscheidung vorhanden sind;
- eine breite Übereinstimmung unter den Anwesenden bei den zu entwickelnden Ergebnissen notwendig und gewünscht ist;
- eine hohe Akzeptanz beim Umsetzen von Entscheidungen in die Praxis notwendig und gewünscht ist;
- das Thema keine spezielle Aufgabe nur einer einzigen Person ist, sondern wenn mehrere Teilnehmer etwas zur Sache beitragen können und sollen;
- unterschiedliche Interessen und Meinungen in einer Angelegenheit bestehen und diese auch gehört und erörtert werden sollen;
- unterschiedliche Perspektiven zu einem Themenbereich aufgedeckt und diskutiert werden sollen;
- Aufgaben koordiniert und / oder Prioritäten festgelegt werden sollen;
- Entscheidungen vorbereitet oder gefällt werden sollen, die
  - mehrere Personen betreffen,
  - noch abgestimmt werden müssen.

4 Ursachen für den Besprechungsfrust – Was meistens falsch läuft

- Einladungen werden knapp vor Besprechungsbeginn verschickt.
- In der Einladung finden sich häufig keine Hinweise über Themen und Ziel(e).
- Notwendige Unterlagen zur Vorbereitung werden nicht oder nicht rechtzeitig verteilt.
- Eingeladen werden fachfremde, inkompetente, desinteressierte Teilnehmer.
- Manchmal sind es zu wenig, meistens jedoch zu viele Teilnehmer.
- Unpünktlicher Beginn / Zuspätkommer.
- Zu Beginn der Sitzung keine Nennung der Gesprächsthemen und der geplanten Ziele.
- Während der Besprechung keine Zielklarheit bei der Leitung.
- Ungünstiger Raum / Tisch.
- Abweichungen vom Thema werden toleriert, man gerät vom Hundertsten ins Tausendste.
- Keine Visualisierungen während der Besprechung. Komplexität wird nicht erfasst. Viele gute Ideen gehen verloren.
- Teilnehmer hören einander nicht zu. Jeder wartet, bis der andere Luft holen muss, um ihn dann zu unterbrechen.
- Vielredner dominieren. Stille resignieren und bringen sich nicht ein.
- Meinungsaustausch bis zur „demokratischen“ Abstimmung, statt exaktes Fragen nach Fakten, Interessen, Alternativen.
- Keine Festlegung, wer was bis zum nächsten Mal erledigen soll / kein Maßnahmenplan.
- Verspätetes oder ungenaues Protokoll.

5 So gehen Sie vor

Und so gehen Sie vor, damit eine Besprechung ein Erfolg wird!

1. Schritt: Vorüberlegung – Ist die Besprechung wirklich notwendig?

Der erste Schritt ist eine systematische und selbstkritische Vorbereitung. Selbstkritisch deshalb, weil sich der Einladende gewissenhaft fragen muss, ob die geplante Besprechung überhaupt notwendig ist. Kann das (oder Teile davon), worum es in der Sitzung gehen soll, nicht auch anders behandelt werden? Beispielsweise durch telefonische oder schriftliche, bzw. elektronische Information der betreffenden Kollegen? Kann beispielsweise das geplante Treffen mit einem anderen zusammengelegt werden? Letztlich: Ist das, worum es gehen soll, so wichtig, dass verschiedene Kolleginnen und Kollegen extra deshalb ihren Arbeitsplatz verlassen, um sich damit zusätzlich zu befassen?

Checkliste 1: Die wichtigsten Vorüberlegungen

	ja	nein
Rechtfertigt die Bedeutung des Besprechungsgegenstandes und des zu erreichenden Ziels diese Besprechung? Ist die Einladung zu dieser Sitzung wirklich nötig?	❑	❑
Kann eine klare und begründete Entscheidung des Verantwortlichen die Besprechung ersparen, ohne dass übermäßige Kosten (finanziell, emotional etc.) auftreten? Oder: Welche andere Kommunikationsform würde im konkreten Fall das gleiche leisten wie eine Zusammenkunft (Bsp. Konferenzschaltung, E-Mail)? ____________________ ____________________	❑	❑
Ist es möglich, die aktuelle Besprechung zu verschieben und mit einer anderen zu kombinieren? Wenn ja: Welche Themen sollen zusammengelegt werden? ____________________ ____________________ Wann soll der neue Termin stattfinden? ____________________ ____________________	❑	❑

2. Schritt: Die Vorbereitung der Besprechung

Wenn Sie sich aus guten Gründen für eine Besprechung entschieden haben, ist in einem nächsten Schritt die Besprechung vorzubereiten. Dazu ist zu klären, wer an der Besprechung teilnehmen soll und wer sie leitet und welche Ziele erreicht werden sollen.

Wer soll die Besprechung leiten?

Wieder einmal der Chef? Sollte er überhaupt anwesend sein?

Ein Tipp: Häufig ist es sinnvoll, bei regelmäßig stattfindenden Besprechungen die Leitung zu wechseln. So haben alle Mitarbeiter einmal die Möglichkeit, diese Rolle zu übernehmen. Aus unserer Erfahrung heraus entsteht dabei noch ein wichtiger Nebeneffekt: Wer einmal die „schwierige" Leiterrolle innehatte, wird sich die nächsten Male als Teilnehmer eher kooperativ verhalten.

Wer soll an der Besprechung teilnehmen?

Zunächst einmal ist der Kreis der Teilnehmer zu bestimmen, die unbedingt teilnehmen sollen. Hier ist nachdenken durchaus erlaubt. Müssen es auch diesmal diejenigen sein, die gewohnheitsmäßig immer teilnehmen? Desweiteren ist der Kreis zu bestimmen, dessen – zeitweise – Teilnahme durchaus sinnvoll und vertretbar erscheint. Einladungen sollten hier mit Rücksicht auf die Gesamtzahl der Teilnehmer getroffen werden. Mehr als sieben bis zehn Teilnehmer sollte eine Besprechungsrunde nicht aufweisen, damit noch effektiv gearbeitet werden kann.

Neben diesen Teilnehmern kann es sich noch anbieten, sich in Form von Experten zusätzlichen Sachverstand in die Runde zu holen. Sofern Besprechungsergebnisse angestrebt werden, die in Betriebsabläufe eingreifen, empfiehlt es sich, die Entscheidungsträger bereits in dieser Phase miteinzubinden. Dies erleichtert dann die Umsetzung und Durchführung der Beschlüsse.

Klären Sie in diesem Zusammenhang auch, ob alle Teilnehmer während der gesamten Sitzung anwesend sein müssen. Ferner ist auch festzulegen, ob bei Verhinderung ein Vertreter vorzusehen ist.

Checkliste 2: Wer nimmt teil? Wer leitet?

Engerer Teilnehmerkreis (Teilnehmer, die unbedingt teilnehmen sollten): ....
Erweiterter Teilnehmerkreis (Teilnehmer, die nicht zwingend teilnehmen müssen, deren – zeitweise – Teilnahme jedoch vertretbar bzw. sinnvoll erscheint.): ....
Teilnehmer, die auf Grund Ihrer Fachkompetenz eingeladen werden sollen: ....
Teilnehmer, die aufgrund Ihrer Entscheidungskompetenz eingeladen werden sollen: ....
Wer soll die Besprechung leiten? (Ausreichende Vorbereitung und Einstimmung sichern): ....

Worum geht es? Wie lautet das Ziel?

Unabdingbar zur Vorbereitung gehört die exakte Definition des Besprechungsthemas und – noch wichtiger – des Besprechungsziels. Dies wird in der Praxis aber immer wieder sträflich vernachlässigt. Was konkret soll in der Besprechung erreicht werden? Geht es lediglich um einen lockeren Informationsaustausch oder um die Sammlung von Entscheidungsvorschlägen? Sollen bestimmte Fragen in der Besprechung von den Anwesenden sogar endgültig entschieden werden? Es ist Aufgabe des Einladenden / Leiters der Besprechung, sich über das Ziel ausreichende Gedanken zu machen. Die Autoren empfehlen, sich das Ziel für jeden TOP schriftlich zu formulieren. Dieses Ziel sollte in die Einladung aufgenommen werden. Während der Besprechung sollte der Leiter das Ziel ausdrücklich ansprechen und den anschließenden Arbeitsprozess auf dieses Ziel hin ausrichten.

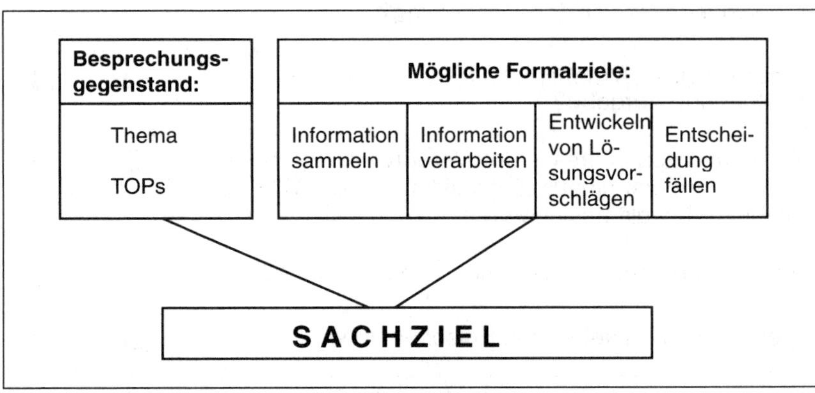

Abb. 1: Besprechungsgegenstand und Formalziel

Zu komplexeren Themen und Fragestellungen sollten den Teilnehmern vorab (rechtzeitig!) schriftliche Unterlagen zur Verfügung gestellt werden. Sofern Präsentationen während der Besprechung vorgesehen sind, ist dies mit den dafür Verantwortlichen abzustimmen.

Checkliste 3: Welches „Formalziel" soll realisiert werden?

	ja	nein
Austausch von Informationen?	❑	❑
Herstellen eines gleichen Informationsstandes?	❑	❑
Diskussion der gegebenen Informationen?	❑	❑
Beratung des Vorgesetzen?	❑	❑
Koordination der Aufgabenerfüllung?	❑	❑
Meinungs- oder gar Konsensbildung?	❑	❑
Erstellen eines Aktionsplans für eine anstehende Aufgabe?	❑	❑
Förderung von Interesse und Verantwortung über ein Aufgabengebiet hinaus (Entwicklung eines „WIR-Gefühls“, Loyalitätssicherung)?	❑	❑
Vorbereitung einer anstehenden Entscheidung?	❑	❑
Treffen einer anstehenden Entscheidung?	❑	❑
Lösung eines vorliegenden Problems?	❑	❑

Checkliste 4: Inhaltliche Vorbereitung (Ziele, Vorgehensweise, Zeitplan)

Wie lautet das Thema / die Themen? Was ist Gegenstand der Besprechung? ....
Auf welches Ziel hin sollen die einzelnen TOP bearbeitet werden? (Empfehlung: Das jeweilige Ziel ausformulieren.) ....
Mit welchen Arbeitsschritten soll beim jeweiligen TOP vorgegangen werden? (Z. B: Problemdarstellung, Ideensammlung, Auswahl der Vorschläge, Umsetzung.) ....
Wieviel Zeit ist nötig, um das Besprechungsziel zu erreichen? – insgesamt.. – für TOP 1.. – für TOP 3.. – für TOP 4.. – für TOP 5.. – für TOP 6..

Wer sollte/kann welche Informationen vorbereiten und während der Besprechung präsentieren? – Info 1:...Name: .... – Info 2:...Name: .... – Info 3:...Name: ....
Mit welcher Einstellung werden die Teilnehmer den Besprechungsgegenstand behandeln? ....
Mit welchen Einwänden/Widerständen muss eventuell gerechnet werden? ....
Welche Statusprobleme sind möglicherweise zu berücksichtigen? ....
Welche Konflikte sind zu befürchten? ....
Welche Spielregeln sollen gelten? (Redezeitbeschränkung, Rauchverbot, Pausenregelung...) ....

Checkliste 5: Organisation der Besprechung

Wann ist der beste Zeitpunkt für die Besprechung
(Besprechungstermin mit den Teilnehmern abstimmen)

....

Wo soll die Besprechung stattfinden?

....

Ist der Besprechungsraum reserviert?

❑ ja

❑ nein

Falls eine Bewirtung vorgesehen ist: Wer ist hierfür zuständig?

....

Vorbereitung des Besprechungsraumes. Wer ist zuständig?

....

Wann muss die Einladung den Teilnehmern spätestens vorliegen?

....

Welche Hilfsmittel (Beamer, Overhead-Projektor, PC, Tafel,
Flipcharts, Pinwände) werden benötigt?

....

....

....

Welche Unterlagen (Handouts) sind für die Teilnehmer vorgesehen?

....

....

....

Sind diese Unterlagen vorher (mit der Einladung) zu versenden?

❑ ja

❑ nein

3. Schritt: Die Durchführung der Besprechung

Bei der Durchführung der Besprechung sollte sich der Leiter an einen sorgfältig geplanten Ablauf halten: Nach der Begrüßung werden Anlass und Hintergründe der Sitzung erläutert. Dann wird die Tagesordnung besprochen und die einzelnen Ziele vereinbart. Für alle muss ganz klar sein, was in der Besprechung erreicht werden soll. Schließlich ist nicht nur der Leiter für das Ergebnis verantwortlich, sondern jeder in der Runde.

Nachdem die Protokollführung geklärt ist und letzte organisatorische Fragen beantwortet sind, geht es mit dem ersten Tagesordnungspunkt los. Wieviel Zeit ist dafür vorgesehen, wer trägt vor? Wer äußert sich dazu? Was sagen die anderen, die bisher noch nichts gesagt haben? Während der Diskussion über die einzelnen Themen sorgt der Leiter dafür, dass jeder zu Wort kommt, dass keiner zuviel spricht, dass Störungen angesprochen und ausgeräumt bzw. vertagt werden und dass stringent auf das Ziel hin gearbeitet wird. Dazu sollte er Spielregeln einführen, z.B. „Erst ausreden lassen, bevor jemand etwas erwidert." „Jeder fasst sich so kurz wie möglich."

Am Ende der Besprechung fasst der Leiter sämtliche Ergebnisse zusammen. Gute Besprechungsleiter schreiben die Ergebnisse bereits während der Sitzung für alle sichtbar in Stichworten auf. Jeder kann gleichermaßen sehen, was erreicht wurde, und wo es noch Lücken gibt.

Ablauf einer Besprechung

1. Begrüßung der Teilnehmer und Einstieg in die Sitzung

2. Erwartungen abfragen

3. Spielregeln vorschlagen und vereinbaren

4. Behandlung der einzelnen Tagesordnungspunkte

5. Aktionsplan erstellen

6. Abgleich der Erwartungen

7. Debrief – Wie zufrieden sind alle mit der Besprechung?

8. Verabschiedung

Abb. 2 Phasenmodell für den Ablauf einer Besprechung

Der hier vorgestellte Ablauf einer Besprechung ist bewusst ausführlich gehalten. Er soll als Vorlage für die eigene Praxis dienen und kann daher situationsangemessen angepasst und verändert werden.

Zu Phase 1: Begrüßung der Teilnehmer und Einstieg in die Sitzung

- Vorstellung der Teilnehmer (wenn nötig) / des Leiters
- *Icebreaker* / Bauen von Beziehungsbrücken / Aufwärmen
- Anlaß der Sitzung vorstellen
- Ziel und Formalziel / gewünschtes Ergebnis der Sitzung vorstellen / Fragen klären
- Rolle des Leiters ansprechen (wenn dies aus Sicht des Leiters notwendig erscheint)
- Rolle der Teilnehmer klären / Abfragen: Wer fühlt sich für welche Themenpunkte während der Sitzung verantwortlich (soweit nicht vorbereitet)
- Ablauf der Sitzung / Tagesordnung vorstellen
- Protokollant festlegen / Art des Protokolls absprechen
- Zeitregelung mit den Teilnehmern vereinbaren

Zu Phase 2: Erwartungen abfragen

Die Anwesenden nach ihren Erwartungen befragen. Das schafft Transparenz über die Interessen und Befindlichkeiten der Anwesenden

Zu Phase 3: Spielregeln vorschlagen und vereinbaren

- Spielregeln anbieten / vorgeben / zusammen erarbeiten
- Spielregeln visualisieren

Zu Phase 4: Behandlung der einzelnen Tagesordnungspunkte

Je nach Anlaß und Zielsetzung der Besprechung kann es dabei beispielsweise gehen um

- das Sammeln von Informationen zu bestimmten Themen, Fragen oder Problemen;
- das Verarbeiten von Informationen zu bestimmten Themen, Fragen oder Problemen;
- das Entwickeln von Lösungsvorschlägen, um beispielsweise Entscheidungen vorzubereiten;
- das Treffen von Entscheidungen zu bestimmten Themen, Fragen oder Problemen.

Zu Phase 5: Aktionsplan erstellen

Unsere dringende Empfehlung für das Beenden einer Besprechung: niemals ohne einen Maßnahmenplan abschließen: **Wer** macht im Anschluß an die Besprechung **was**, **bis wann**, **mit wem**? Es hat sich in der betrieblichen Praxis als sinnvoll erwiesen, für jede einzelne Maßnahme festzuhalten, wodurch ihr **Erfolg** oder Mißerfolg **überprüfbar** ist. Ohne diesen Maßnahmenplan sollte niemals eine Besprechung enden! Für jeden im Raum muß eindeutig klar sein, was als nächstes geschieht. Und der Besprechungsleiter weiß auch, was er in seiner Nachbereitung noch zu tun hat.

Inhalte des Aktionsplanes sind:

- Was sind die nächsten Schritte?
- Wer macht was bis wann mit welcher Unterstützung zu welchem Ergebnis?
- Eventuell: Wie kann eine erfolgreiche Bewältigung der Aufgabe gemessen werden?
- Welche Zeitvereinbarungen müssen getroffen werden?
- Erste Überlegungen zu einem möglichen Folgetreffen.

Zu Phase 6: Abgleich der erreichten Ergebnisse mit den Eingangserwartungen

Die zu Beginn der Sitzung abgefragten Erwartungen müssen mit den erreichten Ergebnissen abgeglichen werden. Eine mögliche Frage des Leiters dazu: Wie sieht das mit den eingangs geäußerten Erwartungen aus? Welche wurden erfüllt, welche nicht? Was bedeutet dies für die nächsten Schritte? Was sollte noch konkret unternommen werden?

Zu Phase 7: Debrief – Wie zufrieden sind alle mit der Besprechung?

Damit wäre alles geschafft. Fast, denn manche Besprechungsleiter tauschen sich anschließend mit der Gruppe über die Besprechung selbst aus: Was hat gut geklappt, was sollte beim nächsten Mal vom Leiter oder von den Teilnehmern (!) anders gemacht werden? Eine sinnvolle Möglichkeit, in der Rolle als Leiter oder Teilnehmer immer sicherer zu werden. Wirklich eine gute Möglichkeit! – jedoch gewöhnungsbedürftig. In Schulungen und im Besprechungscoaching wird mit derartigen Rückmeldungen gearbeitet. Und viele Besprechungsleiter übertragen diese Rückmeldungskultur auch auf ihre Praxis. Nur so entsteht in der Firma oder im eigenen Bereich mit der Zeit eine „Besprechungskultur", die mit dem „kleinen Chaos Besprechung" nichts mehr zu tun hat, dafür umso mehr Assoziationen wachruft wie: „... werden nur einberufen, wenn notwendig"; „jeder kommt zu Wort"; „sind kurz und sachorientiert".

Fragen für das *Debrief*:

- Wie zufrieden sind wir mit den Ergebnissen der Besprechung?
- Wie zufrieden sind wir mit dem Arbeitsprozess in der Besprechung?
- Was lief in dieser Besprechung gut? Was konkret soll beim nächsten Mal anders gemacht werden?

Zu Phase 8: Verabschiedung

Auch das ist oft eine Frage der Besprechungskultur in Unternehmen. Entweder: „Tschüss" und ab auf den Arbeitsplatz, das Handy an oder schon im Geiste die nächste E-Mail verschickt. Oder: „Wer möchte noch einen Kaffee und kann mir sagen, wann dieser elende FC... endlich Meister wird?" Aber wahrscheinlich gibt es noch viele Möglichkeiten zwischen diesen beiden Polen...

6 Durchführung der Besprechung – noch einige Tipps für den Leiter

1. Tipp: Stehen Sie als Leiter zu Ihrer Leiterfunktion – identifizieren Sie sich ganz mit dieser Aufgabe.

2. Tipp: Leiten Sie so, daß ein gemeinsam getragenes Gruppenergebnis entsteht (*und nicht ein vom Leiter durchgedrücktes*).

3. Tipp: Vertrauen Sie auf die Fähigkeiten der Teilnehmer und halten Sie sich daher mit Ihren Ansichten etwas zurück.

4. Tipp: Was Sie zu den Teilnehmer sagen, dürfen diese auch zu Ihnen sagen. Dazu gehört beispielsweise auch,
- Irrtümer zugeben und
- sich ggf. entschuldigen.

5. Tipp: Hören Sie aufmerksam und konzentriert zu und zeigen Sie dies auch.

6. Tipp: Viele „kooperative Besprechungsleiter" handeln nach dem Grundsatz: *„Was kann ich tun, damit die Gruppe zu einem guten Besprechungsergebnis kommt?"* Suchen Sie daher den Konsens, denn aus Abstimmungen resultierende Entscheidungen sind nur bedingt tauglich, da es hierbei zwangsläufig Sieger und Unterlegene gibt.
Besprechungsergebnisse sollten möglichst von allen Teilnehmern unterstützt werden. Tendenzabfragen können Auskunft geben, inwieweit die Teilnehmer sich einig sind, und ob es erforderlich ist, eine Vorgehensphase erneut und vertieft zu durchlaufen. Mit Tendenzabfragen kann auch das Übergewicht der Redelöwen zugunsten der „schweigenden Mehrheit" zurückgedrängt werden.

7 Zur Protokollerstellung

Zur Sicherung der Besprechungsergebnisse ist es erforderlich, von jeder Besprechung ein Protokoll anzufertigen.

Im allgemeinen wird es genügen, die einzelnen Ergebnisse und Vereinbarungen festzuhalten. Derartige Protokolle werden als Ergebnis- oder Kurzprotokoll bezeichnet. Nur in Ausnahmefällen sollen ausführliche Protokolle angefertigt werden. Beispielsweise, wenn es nachvollziehbar sein muß, wie es zu dem Ergebnis gekommen ist oder wie das Meinungsbild der Teilnehmer aussieht. Zu beachten ist hierbei, daß nur solche Aussagen notiert werden, die für die Zeit nach der Besprechung Informationswert haben.

Welche Funktionen kann das Besprechungsprotokoll erfüllen?

- **Informationsfunktion**
  Nichtteilnehmer (*betroffene, verhinderte oder interessierte Personen*) können umfassend und gleichmäßig informiert werden.
- **Führungs- und Kontrollfunktion**
  Der Vorgesetzte kann anhand des Besprechungsprotokolls die Einhaltung der Vereinbarungen / Termine kontrollieren.
- **Handlungsanweisung**
  Es sagt aus, wer welche Aufgaben bis wann erledigen soll.
- **Gedächtnisstütze**
  Die Empfänger des Protokolls können auch noch längere Zeit nach der Besprechung die gewünschten Informationen aus den Protokollen entnehmen.

Wer soll das Protokoll führen?

Mit der Protokollführung kann jeder Teilnehmer betraut werden. Er sollte jedoch möglichst nicht einer der Hauptbetroffenen der Besprechung sein.

Empfehlung: Sie können auch für die Protokollführung eine(n) zusätzliche(n) Mitarbeiter(in) hinzuziehen. Damit können sich alle Beteiligte auf die Besprechung konzentrieren und auch die Objektivität des Protokolls wird damit unterstützt.

Wie und wann sollte das Protokoll erstellt werden?

Statt einer nachträglichen „Gedächtnisübung" ist es empfehlenswert, einen Protokollentwurf schon während der Besprechung zu erstellen. Dazu hält der Protokollführer **Zwischenergebnisse** fest, verliest sie soweit erforderlich, holt sich die Zustimmung der Teilnehmer ein, bittet um Formulierungsvorschläge und trägt so auch zu einem ergebnisorientierten Besprechungsverlauf bei.

Besonders hilfreich kann die **Visualisierung** sein. Der Protokollführer schreibt für alle sichtbar auf dem Flipchart die Ergebnisse mit. Dabei entsteht gleichzeitig ein Originaldokument, das dann als Grundlage für die Reinschrift dient. Eine Alternative dazu ist die Benutzung eines Tageslichtprojektors. Der Protokollführer schreibt auf Folien mit, die später auch als Kopiervorlagen zur Vervielfältigung als Protokollanlage dienen.

Ein Protokoll, während der Sitzung angefertigt und zum Schluß verlesen, bietet folgende Vorteile:

- Die Qualität des Protokolls ist nicht von der Gedächtnisleistung des Protokollführers abhängig.
- Es wird keine Zeit mit nachträglichen Korrekturen und Interpretationen vergeudet (*z. B. mit der Unsitte, Protokollentwürfe zur Korrektur an einen ausgewählten Kreis zu verteilen*).
- Alle Fragen des Maßnahmenplans, die einen wirksamen Transfer ermöglichen, werden von allen Beteiligten während der Sitzung geklärt.

8 Spielregeln unterstützen die Zusammenarbeit

Spielregeln können das Zusammenwirken der Teilnehmer an einer Besprechung erleichtern, fördern oder positiv vorantreiben. Das ist immer dann der Fall, wenn diese Regeln für die Zusammenarbeit auf die anwesenden Teilnehmern maßgeschneidert sind und zur konkreten Situation passen. Derartige Spielregeln sind also weder „Knebel" (Verbote) für Vielredner noch „Antreiber" (Gebote) für Wenigredner oder Desinteressierte. Sie sollen ein zielgerichtetes und effizientes Zusammenwirken in der Gruppe bewirken und unterstützen.

Die einfache, immer wieder anzutreffende Regel „Jeder darf nur eine Minute (oder ähnlich) lang reden“ beispielsweise bremst vielleicht den einen oder anderen Vielredner, ist aber häufig der nur einzige Versuch von Gruppen, die Zusammenarbeit in den Griff zu bekommen. Es gibt jedoch eine Vielzahl von praxiserprobten Regeln. Und es gibt für Gruppen kaum Grenzen, immer wieder hilfreiche, den Umgang der Gruppenmitglieder miteinander unterstützende Regeln selbst zu formulieren.

Spielregeln für erfahrene und besprechungsgeübte Gruppen

- **Wir begründen jede geäußerte Meinung knapp und auf das Wesentliche reduziert.**
  Damit ermöglichen wir, dass sachlicher, differenzierter und ergiebiger über Standpunkte und Hintergründe diskutiert wird, die Beweggründe der Einzelnen werden transparenter.
- **Wir begründen Fragen an andere Teilnehmer kurz** („Ich frage aus folgendem Grund...“).
  Damit vermeiden wir, dass sich der Gegenüber ausgefragt fühlt, vorgeführt oder kontrolliert vorkommt oder dass er meint, ihm sollten Fehler nachgewiesen werden.
- **Ich spreche möglichst mit „ich“ statt mit „man“**, um meine Meinung eindeutig als solche zu kennzeichnen, um „Flagge zu zeigen“. Dadurch fällt es den anderen Gruppenmitgliedern auch leichter, über den Inhalt einer persönlichen Meinung sachlich zu sprechen, statt gegen eine generalisierende Behauptung angehen zu müssen.
- **Wir lassen die persönlichen Erfahrungen des Gesprächspartners als seine subjektive Perspektive (seine subjektive Wirklichkeit) gelten.**
  Dadurch zeige ich meine Wertschätzung der Person des anderen gegenüber und erhalte so die gleiche Wertschätzung/Aufmerksamkeit für meine Erfahrungen.
- **Bevor wir jemandem widersprechen, wiederholen wir mit eigenen Worten, was wir vom anderen verstanden haben.**
  Damit vermeiden wir ein Aneinandervorbeireden bei kontroversen Diskussionen.

- **Wenn wir einer anderen Meinung widersprechen, stellen wir das Weiterführende an der eigenen Idee heraus.** Damit treiben wir den Erkenntnisprozess voran und vermeiden, immer wieder auf alte Positionen zurückzukommen.
- **Wir bemühen uns, jeden Redebeitrag auf maximal eine Minute zu beschränken.** Damit erreichen wir, dass möglichst viele in der Gruppe zu Wort kommen.
- **Wir erarbeiten unsere Ergebnisse konsensorientiert – und möglichst nicht auf der Grundlage von Mehrheitsabstimmungen.** Damit versuchen wir „Winner-Looser"-Situationen zu vermeiden und „Winner-Winner"-Gelegenheiten zu schaffen

Die Autoren:

Rüdiger Funk; Geschäftsführer und Mitbegründer der *train* GmbH; verantwortlich für Personalentwicklungsberatung und Personalentwicklung (PE); Entwicklung und Implementierung von PE-Instrumenten wie Assessment-Center, 360-Grad-Feedback, Förderprogramme, „Improving Performance"; Trainingsschwerpunkte: Besprechungsleitung und -Coaching, Führung, Teamentwicklung (mit Outdoor-Anteilen)

Dr. Marketta Luoma; Studium der Psychologie, Dozentin am Psychologischen Institut der Universität zu Köln. Bei *train* als Beraterin mit den Schwerpunkten Besprechungsleitung, Moderation, Konfliktbewältigung und Mediation sowie Coaching für Führungskräfte

Doris Jacobs-Strack; Diplom Psychologin, Ausbildung in Verhaltenstherapie und Hypnotherapie, seit 1993 als Beraterin bei *train* mit den Schwerpunkten Coaching, Rhetorik, Teamentwicklung und Konfliktmanagement

Kontaktmöglichkeiten:

train GmbH, Büro Köln, Kadettenstraße 11, 51429 Bergisch Gladbach
Tel. (0 22 04) 57 014, Fax (02204) 57 078, e-mail: train.koeln@train.de, www.train.de

train GmbH, Büro München, Wagenberger Straße 1, 85662 Hohenbrunn
Tel (0 81 02) 40 26, Fax (0 81 02) 71 455,
e-mail: train.muenchen@train.de, www.train.de

Zum Nachlesen:

Hartmann, Martin / Rieger Michael / Luoma, Marketta: „Zielgerichtet moderieren. Ein Handbuch für Führungskräfte, Berater und Trainer“, Weinheim 1999

Cronemeyer, Ulrich: „Besprechungen erfolgreich leiten“, 1987

Blom, Herman: „Sitzungen erfolgreich managen. Meetings als Kommunikationsmittel und Management-Instrument richtig nutzen“, Weinheim 1999

Listing, Silke / Gäde, Ernst-Georg: „Sitzungen effektiv leiten und kreativ gestalten“, Mainz 1996

Stabenau, Hans-Joachim: „Wie viele Spielregeln braucht eine Gruppe, um arbeitsfähig zu sein?“, in: Themenzentrierte Interaktion, Juni 2000

Will, Hermann / Lipp, Ulrich: „Das große Workshop-Buch“, Weinheim 1995

THEMA Personal und [...]

Human Resource Management

Neue Formen betrieblicher Arbeitsorganisation und Mitarbeiterführung: Strategien, Instrumente, Praxisbeispiele

Prof. Dr. Peter Knauth, Prof. Dr. Artur Wollert

3 Bände, DIN A5, ca. 2.700 Seiten, Grundwerk: 168,– DM/1.226,– ÖS/ 168,– SFR, ca. 6 Aktualisierungen jährlich, ISBN 3-87156-200-9

Neue Wege in der Personalarbeit für eine erfolgreiche Zukunft!

Flexible Strukturen, flache Hierarchien, autonome Arbeitsgruppen, Kompetenzteams: Neue Formen der Arbeitsorganisation erfordern auch neue Formen der Mitarbeiterführung. Da die Mitarbeiter das eigentliche Kapital eines Unternehmens sind, ist das Management der personellen Ressourcen zentrale Aufgabe der Unternehmensführung. Dieses Handbuch bietet Ideen, Konzepte und Praxisbeispiele für eine grundlegende Neuorientierung der Personalarbeit.

[...] nisation

- Neue Formen der Mitarbeiterförderung
- Wege zur Lernenden Organisation
- Kundenorientierte Personalarbeit
- Entgeltsysteme, Arbeitszeitgestaltung, Gestaltung der Beschäftigungsverhältnisse u.v.m.

Über 60 Experten garantieren Qualität und Aktualität. Sie erhalten kompetente Unterstützung, um für neue Aufgaben neue Lösungen zu finden.

Kostenloser 4-Wochen-Praxis-Test!

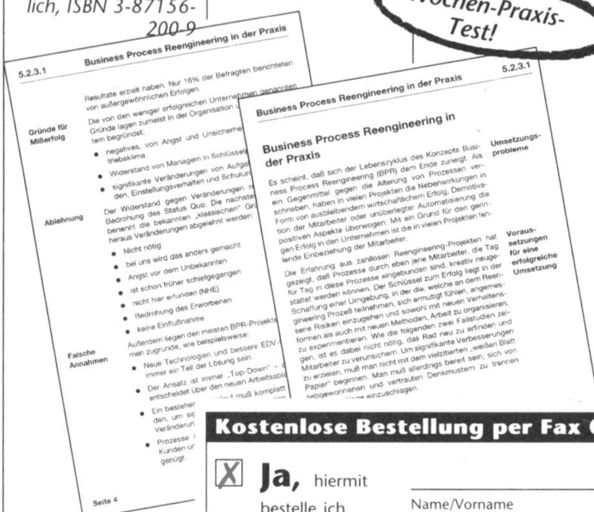

5.2.3.1 Business Process Reengineering in der Praxis

Business Process Reengineering in der Praxis

Umsetzungsprobleme

Es scheint, daß sich der Lebenszyklus des Konzepts Business Process Reengineering (BPR) dem Ende zuneigt. Als ein Gegenmittel gegen die Alterung von Prozessen verschrieben, haben in vielen Projekten die Nebenwirkungen in Form von ausbleibendem wirtschaftlichem Erfolg, Demotivation der Mitarbeiter oder unüberlegter Automatisierung die positiven Aspekte überwogen. Mit ein Grund für den geringen Erfolg in den Unternehmen ist die in vielen Projekten fehlende Einbeziehung der Mitarbeiter.

Voraussetzungen für eine erfolgreiche Umsetzung

Die Erfahrung aus zahllosen Reengineering-Projekten hat gezeigt, daß Prozesse durch eben jene Mitarbeiter, die Tag für Tag in diese Prozesse eingebunden sind, kreativ neugestaltet werden können. Der Schlüssel zum Erfolg liegt in der Schaffung einer Umgebung, in der die, welche an dem Reengineering Prozeß teilnehmen, sich ermutigt fühlen, angemessene Risiken einzugehen und sowohl mit neuen Verhaltensformen als auch mit neuen Methoden, Arbeit zu organisieren, zu experimentieren. Wie die folgenden zwei Fallstudien zeigen, ist es dabei nicht nötig, das Rad neu zu erfinden und Mitarbeiter zu verunsichern. Um signifikante Verbesserungen zu erzielen, muß man nicht mit dem vielzitierten „weißen Blatt Papier" beginnen. Man muß allerdings bereit sein, sich von liebgewonnenen und vertrauten Denkmustern zu trennen [...] Wege einzuschlagen.

Bitte bestellen Sie direkt bei Ihrem Buchhändler oder leiten Sie einfach Ihre Wünsche an den Verlag weiter!

Deutscher Wirtschaftsdienst
Fachverlag
Deutscher Wirtschaftsdienst GmbH
Internet: http://www.dwd-verlag.de
eMail: box@dwd-verlag.de

Kostenlose Bestellung per Fax 0800/801 801 8

☒ **Ja,** hiermit bestelle ich

___Ex. **Human Resource Management**

3 Bände, DIN A5, ca. 2.700 Seiten, Grundwerk 168,– DM/1.226,– ÖS/ 168,– SFR, ca. 6 Aktualisierungen jährlich, ISBN 3-87156-200-9

Name/Vorname ____________________

Str./Nr. ____________________

PLZ/Ort ____________________

Datum ____________ X 1. Unterschrift ____________

Widerruf: Ich weiß, dass ich meine Bestellung innerhalb von 10 Tagen schriftlich beim Verlag widerrufen kann (Datum des Poststempels).

Datum ____________ X 2. Unterschrift ____________ 6235